Romy Glaser (Hrsg.)

Herstellung und Verlag:
BoD - Books on Demand, Norderstedt
ISBN 978-3-7412-5645-5

# SCHAAN LIEST

zu Gast ist:
Heinrich Albert Ellner

Poesie und Lyrik

## Danksagung

Kennen Sie das auch, liebe Leser, man trifft einen Menschen und versteht sich sofort, ohne dass auch nur ein Wort gesagt wurde. Vor vielen Jahren lernte ich Michael Schaan kennen und durfte bei seinen Lesungen mit dabei sein. Dabei lernte ich Heinrich Albert Ellner schätzen. Was für ein Unikat und frischer Geist. Und dann kam der Gedanke, dass solche schönen Gedichte vielen Menschen zugänglich sein sollten. So entstand die Idee dieses Buches. Wie so oft, hat man einfach keine Zeit und/oder auch keine Muse, sich mit den schönen Dingen des Lebens zu befassen, weil das Leben einen anderen Rhythmus hat. Doch nun war die Zeit reif.

Ganz herzlich möchte ich mich bei Beate Szislowski bedanken, die beide Autoren viele Jahre schon kennt und begleitet. In ihrer kurzen und knappen Laudatio beschreibt sie prägnant die Werke. Beate Szislowski organisierte jahrelang die Lesungen und stellte die Cool-Tour-Scheune in Kruft zur Verfügung. Neben den Räumlichkeiten sorgten sie und ihr Mann für Speisen und Getränke. Beiden wünschen wir nach den vielen kulturellen und beruflichen Jahrzehnten den längst überfälligen aktiven Ruhestand sowie weiterhin erfüllte Jahrzehnte.

Beide Autoren beschreiben in eigener Weise ihre Sicht auf die Dinge des Lebens und der Welt. Danke an Michael Schaan und Heinrich Albert Ellner für das Vertrauen.[1]

---

[1] Alle Fotografien wurden von den Autoren privat zur Verfügung gestellt. Auszüge oder teilweise Ausschnitte bedarfen der Genehmigung der Autoren.

Nun darf ich die Leser einladen, sich an Poesie und Lyrik der besonderen Art zu erfreuen.

Romy Glaser
Zwickau, 2016

## Vorwort

Melancholie,
oft Verzweiflung,
tiefe Trauer,
Sensibilität,
Sinnsuche,
Sehnsüchte,
erwachende Hoffnung,
vorsichtige Zuversicht,
zuerst zaghaftes, nun gewachsenes Vertrauen,
absolute Offenheit und Echtheit –

das alles durchlebt man mit **Michael Schaan** bei seinen Lesungen.

Mit
sprühendem Esprit,
Schalk,
purer Lebensfreude,
tiefem Scharfsinn,
Schlagfertigkeit ,
brillantem Witz –

nimmt **Heinz-Albert Ellner** seine Hörer gefangen.

Beide zusammen – das Leben in allen Facetten erleben.

Beate Szislowski, Cool-Tour-Scheune, Kruft, 2015

*Inhalt*
Vorwort ..................................................................................... 9
Michael Schaan ..................................................................... 13
Die Natur ............................................................................... 15
Die Rose ................................................................................ 16
Zurück ans Meer ................................................................... 17
Der Weg zum Meer ............................................................... 18
Ein Spaziergang durch den Wald .......................................... 19
Der Zaubergarten .................................................................. 20
Eine warme Sommernacht .................................................... 22
Das Leben ............................................................................. 23
Der Frühling meines Lebens ................................................. 24
Eine Reise durch die Zeit ...................................................... 25
Dies waren die schönsten Zeiten .......................................... 26
Rock ´n´ Roll .......................................................................... 27
Seltsame Tage ...................................................................... 28
Die Frau aus der Stadt .......................................................... 29
Augen .................................................................................... 30
Meine große Liebe ................................................................ 31
Schlaflos ............................................................................... 32
Gedanken .............................................................................. 33
Vor dem Fenster ................................................................... 34
Ein Zeichen ........................................................................... 35
Der Fluss der Träume ........................................................... 36
Am Tag und in der Nacht ...................................................... 37
Du kannst zaubern ................................................................ 38
Angenehm betäubt ................................................................ 39
Die Feder .............................................................................. 40
Der Spiegel ........................................................................... 41
Heinrich Albert Ellner ............................................................ 43
Heinrich, die verdammte Plaudertasche ............................... 45
7 Jahre Atelier: Weiter so, mit... LUSTIG? ............................ 47
Jahre der Stille… .................................................................. 49
Aller Anfang ist schwer… ...................................................... 51
Die Gedanken sind frei? ....................................................... 54

| | |
|---|---|
| Heiter, so, weiter? | 55 |
| Glaube – Hoffnung – Liebe: Was gewinnt? | 59 |
| 05:59 Uhr | 61 |
| 22:22 Uhr | 63 |
| Einmal Urknall und zurück | 67 |
| Ach, Mond | 70 |
| Apokalyptische Visionen | 72 |
| Arbeit adelt?* | 74 |
| Der Ingenieur | 75 |
| Auf die Plätze: Rentner-Los | 77 |
| Aufmerksamkeitsgeheische?… Nicht schon wieder...Neid! | 78 |
| BRECHT: Wirklich 2300... Gedichte? Wohl doch auch viele kurze dabei...oder? | 80 |
| Bukowski zu ehren steht hiermit mein Sinn… | 82 |
| Aha? Da ist doch... was? | 86 |
| COCA-COLA®... Das Mega-Rezept | 88 |
| Alles ist für Alles gut... | 90 |
| Auf, zur Ernte, Heinrich Ellner | 93 |

**Nur das Denken, das wir leben, hat einen Wert.**

Hermann Hesse

# Michael Schaan

Geboren 1973 in Andernach

Ich schreibe Lyrik. 1995 habe ich mein erstes Gedicht geschrieben. Es war ein Liebesgedicht. Damit hat alles angefangen.

Meine Gedichte sind alle autobiographisch. Ich drücke mich in Metaphern aus. Meine Gedichte spiegeln meine Erlebnisse, Fantasien und Sehnsüchte. Bis heute habe ich 150 Gedichte verfasst und in verschiedenen Lesungen veröffentlicht. Inspiriert haben mich Dichter wie Hermann Hesse und Jim Morrison.

Lesungen seit 2008 im V8, Kulturfabrik Koblenz, Schröders Musikcafé, Café Auszeit Neuwied und im Kunst-Werkstatt-Atelier Saffig. Meine Lesungen werden musikalisch auf der Gitarre begleitet.[2]

---

[2] „Ich liebe Dich wie Apfelmuß", Poesie und Illustration, Eine Ausstellungsserie über Outsider-Kunst/Mayen/November 2010.

Veröffentlichung des künstlerischen Lebenslaufes mit freundlicher Genehmigung von Michael Schaan.

Anmerkung: Die hier veröffentlichten Gedichte sind im Zeitraum von 1995 bis 2016 entstanden.

## Die Natur

Ich sitze auf der Wiese
Und schaue in die Natur,
das ist Leben pur.

Am Wegesrand stehen die Bäume,
meine Träume sind nicht wirklich Schäume.
Die Musik ist wie der Wind und ich fühle mich
wie ein spielendes Kind.

Der Mond und die Sterne sehe ich am Himmel stehen,
über mir, das passt zu mir.

Ich finde die Natur einfach wunderbar,
dies ist mir jetzt klar.

Die Natur ist ein Teil der Schöpfung:

Gigantisch!

Romantisch!

Eindrucksvoll!

Gefährlich!

Lasst uns aufblühen wie eine Blume im Garten,
ich kann es kaum erwarten.

## Die Rose

Ich sehe die Rose im Garten,

auf deine süße Liebe möchte ich nicht warten.

Doch stehe ich vor einer mächtigen hohen Wand.

Deine Liebe bringt mich noch um den Verstand.

Die Rose ist rot.

Mit dir befinde ich mich nur selten in Not.

Wir sind manchmal an schönen Orten.

Und wir verstehen uns mit nur wenigen Worten.

Hoffentlich geht unsere Rose nicht ein.

Mit dir möchte ich für immer zusammen sein.

## Zurück ans Meer

Der Mond beherrscht die Menschen nach Belieben.
Wen soll ich da noch lieben?
Die Sonne dringt ein in mein Herz.
Ich bekomme Fernweh.
Dies ist kein Scherz.
Geheimnisse lösen sich auf in Rauch,
ich verspüre Gefühle in meinem Bauch.
Ich lasse sie raus,
aus meinem inneren Seelenhaus.
Doch ich will ans Meer,
denn es fehlt mir sehr.
Einsamkeit?
Geborgenheit?
Ich suche die Energie der Naturgewalten,
nichts kann mich hier noch halten.
Ist es Hass?
Ist es Musik?
Noch schaue ich in die Ferne und sehe die Sterne.
Meine Seele ist leer,
ich will zurück ans Meer.

## Der Weg zum Meer

Ich befinde mich auf dem Weg zum Meer.

Du fehlst mir sehr.

Mit Dir möchte ich durch das Leben gehen,

doch manchmal ist das Leben schwer zu verstehen.

Wir sehen die Sterne am Himmel stehen,

es ist schön, wenn wir gemeinsam am Strand entlang gehen.

Ich liebe dich vom Sonnenaufgang bis zum Sonnenuntergang.

Wir sehen des Meeres Ebbe und Flut.

Mein Leben mit Dir ist einfach wunderschön und gut.

## Ein Spaziergang durch den Wald

Ich mache einen Spaziergang durch den Wald.

In meinem Leben habe ich wieder Halt.

Dann gehe ich auf einen Turm

und rieche die Luft.

Die Blumen, die Blätter und die Beeren.

Es ist ein ganz besonderer Duft.

Ich klettere auf einen Baum.

Doch gehe ich weiter und

ich spüre des Waldes Traum.

Dann sehe ich meine Frau in meinem Raum.

Ich schreie aus meinem Seelenhaus.

Der Spaziergang ist zu Ende.

Denn das war in meinem Leben eine Wende.

*Nicht nur für Kinder*

## Der Zaubergarten

Ich sitze im Zaubergarten.

Auf meine Mama will ich warten.

In den Kindergarten möchte ich gehen,

meine Freundinnen sehen und mit ihnen auf den

Spielplatz gehen.

Mit meinem Spielzeug möchte ich spielen,

aber ich sitze doch im Zaubergarten.

Dort kann ich doch all die Sachen machen

Und dabei in die Sonne lachen.

Der Zauber in diesem Garten ist wunderbar,

um mich herum die ganze Vogelschar.

Ich wache auf, es war nur ein Traum.

Und plötzlich steht meine Mama in meinem Raum.

Sie gab mir einen Kuss.

Ich konnte es kaum erwarten.

Dies war der Traum vom Zaubergarten.

## Eine warme Sommernacht

Ich kann nicht schlafen in einer warmen Sommernacht.

Mein Lieblingslied läuft im Radio.

Über mich und das Leben habe ich lange nachgedacht.

Meine Gedanken geraten ins Wanken.


Ich kann nicht schlafen.

Meine Seele ist leer und ich sehne mich

Nach einem frischen Wind am Meer.

In der Nacht ist es sehr still.

Ich gehe die Straßen entlang in der Nacht.

Ich gehe in mein Bett.

Ich schlafe ein.

Doch bei Sonnenaufgang bin ich wieder aufgewacht.

## Das Leben

Lasst uns auf dem Wind reiten,
über die Felder gleiten,
und uns schöne Feste bereiten.
Wir kämpfen gegen den Drachen
von abends spät bis zum Erwachen.

Lasst uns zum Strand entlang reiten,
und uns über Frauen streiten.
Wir sehen die Sonne untergehen,
das Leben ist nur schwer zu verstehen.

Lasst uns öffnen unsere Gedanken,
bevor wir über die Straßen wanken.
Lasst uns um das Feuer tanzen,
und uns danach in den Bergen verschanzen.

Das Leben ist voller Poesie,
wir schöpfen neue Energie.
Und das Leben ist wie ein langer Fluss,
bis es dich wieder weckt,
mit einem langen Kuss.

## Der Frühling meines Lebens

Ich stehe im Frühling meines Lebens.
Die Suche nach meinen Träumen war oft vergebens.
Es ist die Zeit, mich immer wieder an das schöne Leben zu erinnern.

Doch bald ist es Sommer.
Die Blumen blühen im Garten.
Der Mond scheint in mein Herz.
Meine Freunde und ich machen Musik.
Doch wir müssen nicht mehr auf das schöne Leben warten.

Es wird Herbst.
Die Blätter fallen von den Bäumen.
Meine Seele lebt und ich befinde mich tief in den lang ersehnten Träumen.

Es wird Winter.
Schnee fällt.
Ich habe wieder Halt.
Doch der Frühling meines Lebens kommt schon bald.

## Eine Reise durch die Zeit

Wir reisen durch die Zeit.
Zu gemeinsamen Taten sind wir bereit.

Lasst uns im See schwimmen.
Es gibt kein Entrinnen.

Lasst uns auf den Straßen tanzen
und danach in der Burg des Lebens verschanzen.
Es ist das Kind aus der Zeit,
welches aus der Seele schreit.

Lasst uns in Richtung Mond fliegen,
und dabei den Dämon des Lebens besiegen.

Der Dämon ist besiegt,
und ich fühle, wie eine Dame meines Herzens in meinen Armen liegt.

Dann wird die Reise durch die Zeit zu Ende gehen,
und wir werden wieder mit beiden Füßen im Leben stehen.

## Dies waren die schönsten Zeiten

Es regnete im September.

Die Sonne über mir.

Meine Gedanken bei Dir.

Das waren die schönsten Zeiten.

Doch mit dir möchte ich durchs Leben gleiten.

Der Sommer war heiß.

Ich sehe die Sonnenblumen am Wegesrand blühen.

Rock ´n´ Roll war auch schon da,

diese Zeiten waren einfach wunderbar.

## Rock ´n´ Roll

Musik auf der du schwebst.
Abgefahren.
Du flippst darauf aus.
Ein unendlicher, geiler Trip.
Eine friedliche Droge.
Keine Entziehungskur.
Dein Blut kocht, deine Beine tanzen.
Unaufhaltsam.
Dein Kopf wackelt.
Du bleibst im Takt.
Ein Kreislauf aus schrillen, lauten Tönen,
die nie ein Ende finden.
Aber auch ein Chaos:
„Unplugged", „Verstärkt", „Live".
Die Erfüllung deines noch jungen Lebens?
Na klar!
Rock´n´Roll lebt, bebt!
Er ist einfach in dir.

## Seltsame Tage

Lasst und laufen, saufen, Bräute schauen.
Lasst uns aufbrechen zur anderen Seite.
Entfache mir das Feuer bis tief in die Weite.

Es sind seltsame Tage,
wir befinden uns in einer merkwürdigen Lage.

Wir sind die Reiter des Sturms.

Unaufhaltsam!
Lebendig!
Unerschrocken!
Voller Energie!

Lasst uns auf die Sonne warten und das Kristallschiff
Im Sonnenuntergang verschwinden sehen.

Es ist der Blues des Schamanen,
die guten Geister rufen unseren Namen.
Ist es die wilde Liebe,
die durchfällt durch tausend Siebe?

Lasst uns zum Mond schwimmen,
es gibt kein Entrinnen.
Die Musik ist aus, niemand kommt lebendig raus.

Ist dies das Ende aller Zeiten?
Nein, lasst uns neue einleiten!

## Die Frau aus der Stadt

Eine Frau und ich wollen auf eine lange, mentale Reise.
Wir hören auf der Autobahn das Lied,
das diesen Moment für immer fest hält.
Ich flüstere ihr leise ins Ohr und wir vergessen
um uns die ganze Welt.

Sie hat langes, braunes Haar, doch wir sind kein Paar.
Es ist Nacht. Ich schlafe.
Der Mond leuchtet hell.
Die Musik ist laut.

Die Frau aus der Stadt,
sie ist schön, sie sieht mich an.
Ich weiß noch nicht,
wie ich ihr meine Gefühle beweisen kann.

Die Frau aus der Stadt,
sie ist charmant und aufgeweckt.
Sie lacht.
Schon wieder bin ich aufgewacht.

## Augen

Augen sehen dich an,

du fragst dich, ob jetzt oder irgendwann.

Sie lügen nicht und sind ehrlich.

Augen befördern Tränen ans Licht,

dann ist meist Traurigkeit oder Freude in Sicht.


Sie sind braun, grün oder blau,

wie das Meer an der Küste.

Die Farben der Augen können auch gemischt sein,

ob groß oder klein.

Augen schauen hinaus in das große weite Zelt.

Sie sind nicht zu ersetzen, für kein Geld der Welt.


Also vertraut euren Augen, traut euch hinzusehen,

wir werden den richtigen Weg gehen.

## Meine große Liebe

Ich hebe Dich in den Himmel, wir reiten auf einem weißen Schimmel.
Und wir sehen den Engel, der über uns wacht und dabei in die Sonne lacht.
Bald sehe Ich wieder das Meer, meinen Lieblingsplatz.
Du fehlst mir sehr.
Doch mein schönster Platz ist bei Dir.
Ich sehe Bilder von Dir und Ich wünsche Du wärest jetzt bei mir.
Du bist der Zucker in meinem Kaffee,
die Decke in meinem Bett und die Gitarre in meiner Hand.
Deine süße Liebe bringt mich noch um den Verstand.
Du bist mein Feuer und meine Flamme.
Du bist mein helles Licht in meinem Leben.
Ich will bei Dir sein, wo immer Du bist,
ob bei Mondschein oder bei Sonnenschein, ob am Tag oder in der Nacht,
denn unsere Liebe ist eine starke Macht!
Du bist der See in den Ich eintauche,
und das Meer nach dem Ich Fernweh habe,
denn unsere Liebe ist eine besondere Gabe.
Siehst Du wie die Engel vom Himmel fallen,
und uns beschützen.
Sie geben Dir einen Kuss von mir auf Deinen süßen Mund.
Sie sagen Dir, dass Ich Dich liebe!

## Schlaflos

Ich kann nicht schlafen in der Nacht
Und erlebe eine mächtige gedankliche Schlacht.
Meine Seele besitzt mich mit aller Macht,
bis am anderen Morgen wieder die Sonne lacht.

Die Nacht ist leise,
ich befinde mich auf einer langen Reise.

Schlaflos!
Kopflos!
Rastlos!
Kraftlos!

Ich sehe die Sterne am Himmel stehen.
Wann wird diese Nacht endlich zu Ende gehen?
Die Nacht geht zu Ende.
War das in meinem Leben eine Wende?

## Gedanken

Ich liege im Bett und kann nicht schlafen.
Nur an DICH muss ich denken.
Alleine DIR kann ich nur mein Herz schenken.
Gläser sind gebrochen, mein Herz hab´ ich erstochen.
Vergessen werde und kann ich DICH nicht,
neue und befreiende Gedanken sind noch nicht in Sicht.

Die Nacht bricht an und meine Gedanken an DICH
sind ein Zeichen, dass ich immer noch nicht schlafen kann.
Meine Stirn brennt wie Feuer.
Meine Seele, meine Gefühle, nichts ist so teuer.
Ich komme nicht ins Reine mit mir,
doch meine Gedanken gehören nur DIR.

Es sind die Stufen zum Himmel,
ich reite auf einem weißen Schimmel.
Die Stufen, die mich immer rufen
Führen immer wieder zu DIR – erkläre es mir!

Ich bin noch gefangen in Deinem Bann,
ich kann nicht los lassen von diesem unermüdlichen Drang.

Ich finde sie nicht, die schließenden Schranken.
Ich schlafe ein. Es sind doch nur liebevolle Gedanken.

## Vor dem Fenster

Ich stehe vor dem Fenster und schaue hinaus.

Es ist Nacht.

Ich blicke hinauf zu den Sternen.

Es stellen sich mir Fragen, die ich nicht beantworten kann.

Doch der Mond sagt, ob jetzt oder irgendwann.

Meine Hände reichen nicht an den Himmel heran,

denn ich fühle mich sehr einsam.

Das Fenster schützt mich vor der Kälte, der Dunkelheit,

dem rauschenden Wind und des Regens Niederschlag, doch schon

bald bricht für mich an, der nächste Tag.

## Ein Zeichen

Komm, gib mir bitte ein Zeichen.

Ich kann dir nicht weichen.

Lass mich dich erreichen.

Schau mir in die Augen!

Berühre mich!

Küsse mich!

Doch gefangen bin ich wie ein toter Fisch.

Deine Musik hat mich aufgeweckt.

Lass mich Dich erreichen!

Ich hätte gern meinen Arm nach Dir ausgestreckt.

War dies ein Zeichen für mein Leben?

Ja, ich möchte es noch einmal erleben.

## Der Fluss der Träume

Ich stehe an einem Fluss

und gebe meiner Freundin einen Kuss.

In meinen Träumen fahre ich auf einem weißen Schiff.

Der Fluss der Träume holt mich immer wieder ein.

Bald will ich zu Hause sein.

Das Leben nimmt mich oft ein.

Ich werde bald bei dir sein.


Sind Träume etwa Schäume?

Nein!


Ich nehme meine Gitarre aus dem Koffer.

Dann spiele ich Dir ein Lied,

schön, dass es dich gibt!

## Am Tag und in der Nacht

In der Nacht bin ich erwacht,
und du hast das Feuer in mir entfacht.
Durch die Straßen gehe ich am Tag.
Ich schreibe dir einen Brief,
weil ich dich mag.

Am Tag scheint mir die Sonne in mein Gesicht,
deine süße Liebe bringt mich aus dem Gleichgewicht.
Doch sehen und fühlen möchte ich es aus meiner Sicht.
Ich höre Musik in der Nacht.
Dann schlafe ich langsam ein.

Am anderen Tag bin ich wieder erwacht.
Du bist nicht mehr da.
Der Mond leuchtet hell in unser Heim.
Doch bald werden wir wieder zusammen sein.

## Du kannst zaubern

Du kannst zaubern,

nicht nur, wenn der Mond am Himmel steht.

Die Zeichen der Zeit verzaubern dich.

Den Wind spürst du,

wie er durch dein Haar weht.

Die Nacht bricht an,

du weißt nicht mehr, was du fühlen,

oder sagen sollst.

Die Worte kommen nur leise aus deinem Mund,

nun zaubere,

hoffentlich nicht nur zur „Morgenstund"!

## Angenehm betäubt

Du hörst das Pochen der Motoren,
es ist unermüdlicher,
nicht aufhörender Lärm in deinen Ohren.
Dein Leben geht an dir vorbei,
denn es ist nur noch aufgekochter Brei.

Du sehnst dich nach der Ruhe,
nach einer geschlossenen Truhe.
Du brauchst einfach Ruhe.
Die Natur, die Liebe und das Leben betäuben dich.

Glaube einfach mehr an dich, und an deine Leben, denn es
wird dir Eindrücke
und Erfahrungen wieder geben.

Sei stark, tapfer und fröhlich.
Dann ist das Leben zu dir ehrlich.
Hast du dann noch Sorgen,
wende sie ab mit einem leisen Schulterzucken
ohne weiterhin zurück zu gucken.

## Die Feder

Ich sah eine Feder und konnte ihr nicht weichen.

Sie gab mir ein Zeichen.

Auf der Erde lag sie dort.

Und ich nahm sie mit zu einem besonderen Ort.

Dort angekommen steckte ich sie in ein Stück Leder.

Es war eine besondere Feder.


Sie bedeutete eine Reise, verriet sie mir leise.

Die Reise ging in Erfüllung.

Ein Freund nahm mich mit in die Stadt,

die das Tor zur Welt bedeutet.

Auf gar keinen Fall habe ich dort meine Zeit vergeudet.

# Der Spiegel

Der Spiegel, ein Ding aus Glas.
Du siehst dein Gesicht, deine Augen,
deine Lippen, deine Nase.
Du denkst, ob du es bist,
doch halt, du drehst dich ab.

Erschrocken?
Realität?

Die Tiefe des Spiegels.
Mysteriös, beängstigend, kalt, geheimnisvoll.
Er ist ehrlich zu dir.
Du versuchst, nach dir zu greifen,
doch du erreichst dich nicht.
Minuten, Stunden, Tage vorm Spiegel.
Du hältst es nicht mehr aus.

Angst?
Verzweiflung?

Depressionen machen sich breit.
Destruktive Wandlungen gegen dich selbst.
Du weißt nicht mehr weiter.

Suizid?

Nein, es ist nur dein Spiegelbild.
Du lebst weiter!

**Leute mit Mut und Charakter sind den anderen Leuten immer sehr unheimlich.**

Hermann Hesse

# Heinrich Albert Ellner

**Autor-Biographisches - in Form eines kurzen Lebenslaufes:**

Geboren am 25.12.1945 als Heinrich Albert Fuchs in Namedy am Rhein (heute Andernach). Neue Namensgebung „Ellner" durch Heirat der Mutter. Volksschule 1952-60; Handelsschule mit Abschluss 1962; Berufsausbildung als Industriekaufmann bis Sept.1964, mit Abschluss. Im Anschluss - fast durchgängig - abhängig beschäftigt als Angestellter: Zunächst in zwei Betrieben der sogenannten freien Wirtschaft, Unterbrechung durch Lebensflucht-Versuch der Selbständigkeit mit Gastwirtschaft, ca. 1 Jahr). Dann - seit 1975 - als Verwaltungsangestellter in der Agentur für Arbeit tätig. Vom 01.01.03 bis 31.12.05 zuletzt in Altersteilzeit halbtags eingesetzt. Ab 01.01.06 Vorruhestand bzw. Rentner. Dies zur Körperlichkeit.

*Schöngeistig*: Durch innere Verweigerung ein Abschalten des künstlerischen und poetischen Denkens schon mit dem Verlust meiner rechten Hand, insbesondere jedoch zu Beginnder verordneten Erwerbsarbeit. Somit knüpfte ich - seit Erwachen des literarisch-lyrischen Geistes in den „IdenDesMärz2004" – in etwa an die Jahre 1958-62 an. Hatte ich doch nur den angestellten Zweck-Geist an das System vermietet - für´s Überleben und...die Rente. U.U. erkennt man dieses – freudianisch gesehen - auch an meinen manchmal poetisch (gelegentlich fäkäl gespickten) spätpubertär-lyrischen Einfällen.

Nach erster Freude - gepaart mit Erschrecken ob der inneren Oberlehrer: „DAS kannst Du nicht" oder „DAS darfst Du nicht" – dann eine poetische Ruhe innerhalb 2004 > bis zum kurzenAufflackern im Nov.04 > und dann bis Febr.05.

Aus „Ich-wills-nur-noch-mal-für-mich-tun-Gründen" (Eitelkeit? Nostalgie? Für Mama?) in 2004 *nebenher* eine Firma „Kunst-Poesie-Texte" an - doch bereits zum 31.12.04 wieder abgemeldet.

Ab März 2005 dann jedoch die mentale Annahme meiner „Talente" (wie auch immer die Außenwelt sieht), und in der Folge ein nun befreiteres - relativ produktives und qualitativ anderes lyrisches - Schaffen, je nach Tages- bzw. Nachtform. Der Stand jetzt, Anfang Mai 06, sind **278 Werke aller Art** (ohne meine sogenannten „Stützchen-Limericks"). Ich werde weiter lyrisch reifen.

Seit Januar 06, ab dem tatsächlichen Ende der abhängigen Erwerbstätigkeit, langsames Hineinwachsen in die geistige Phase, mit „Arbeits-" Zeiten von fast regelmäßig 6 – 8, auch mal bis zu 14 Stunden täglich „am Computer". Auch wegen meiner Handverletzung ist der Computer mir DER technische Freund zur Umsetzung von Ideen und geistigen Skizzen, um dann effizient und schnell lyrische Gedanken und Texte zu fixieren, bevor sie verloren gehen. Daneben betreibe ich intensiv den Ausbau und die Pflege meiner Homepages in der Erwartung, dass sich daraus meine künftigen Aufgaben ergeben werden ... unbekannterweise. Publikationen sind angedacht.


Mayen, den 02. Mai 2005

Heinz-Albert Ellner

## Heinrich, die verdammte Plaudertasche.

Ich seh' mich als Wanderer zwischen den Welten:
Der Welt meines Geistes und der im Realen...
Doch für die Ideen, die hirnseits mir gelten,
Muss ich in der Wirklichkeit oft noch bezahlen:
Als schlechte Gefühle nach Häme und Neid,
Und Nutzung durch Dritte!? Jetzt wir's aber Zeit...
...
Hier mein' ich das Feedback, das folgt, dem Geplauder
Aus meiner Tagtraumwelt der schönen Ideen.
Dass ich nun doch endlich mal nachdenk' und zauder':
Statt in meinem Nächsten nur Gutes zu sehen
- Mich jedem zu öffnen, der gleich mich will stutzen -
Bald doch die Phantasmen real selbst zu...nutzen...
...
Ich hab es von Mutter, ich weiß es: Die Gute
Verlangte zu sagen, was ich stets auch „dachte"
Und ergo gab's oft was auf solch' freie Schnute,
Weil sie nicht gerade zu jedem Gag lachte.
Und auch nach Jahrzehnten hab ich es nicht drauf,
Die Schnauze zu halten...Doch gleich hör' ich auf...
...
Ab morgen kommt aus diesem Erker
Des Geistes... NICHTS. So wird zum Kerker,
Der Schnabel. Und bald kann man sehen,
Dass in mir auch Wunder geschehen...
Mich ohne Tamtam auszudrücken
Aus freien und in „tollen" Stücken...
...

Dazu - für den weit'ren Verlauf -
Wünsch' Geist ich mir und ein „Glückauf"
---
[3]

---

[3] Nr. 04 für Mai 2012 aus insgesamt 2398 Gedichten ab März 2004; Kreativkernzeit: 24.05.12, ca. 08:20 – 09:00 Uhr © Heinz-Albert Ellner – D56727 Mayen, Publikationen bisher nur in ein paar Anthologien. Sonst siehe Auswahl aus meinem Gesamtschaffen im Internet unter www.lyrikportal.de - www.tabakrepublik.de - www.mein-kuerrenberg.de - www.jammerdeutschland.de

## 7 Jahre Atelier: Weiter so, mit... LUSTIG?

Ich habe einen Seelenhänger,
Nicht nur zurzeit, wohl doch schon länger?
Es ist des Ateliers Bedeutung,
Was mich doch bald zu einer Häutung
Zwingt: Wie geh' ich da weiter vor...
...
Denn ich weiß es schon länger, besser,
Dass dieser reine Kostenfresser
Mich bisher in den Eitelkeiten
Ja unterstützte und mein Streiten,
Im Kopf beim Nutzen überstimmte...
...
Nun muss ich mir doch überlegen,
Wie ich den inneren Strategen
Bring' dazu, effizient zu denken!
Die Kosten kann ich ja kaum senken,
Doch muss der Raum mal was einbringen...
...
Ab Montag werde ich mich zwingen,
Ideen zu den neuen Dingen
Wie YOUTUBE, EBAY auszugraben,
Um da Gewissheit drin zu haben:
Dass ich es ernst mein', in der Sache!
...
Denn ich bin ja ideenschwanger
Schon länger darin. Doch in banger
Art trachte ich, des Anfangs Wehen,
Als Arbeit, einfach zu umgehen.
Aussitzen will ich's, möglichst lang'.
...
Nun ja, es wieder ein Eiern.

Will mich dafür im Vorfeld feiern,
DASS ich dran denke und nichts mache?
Das ist halt diese halbe Sache,
Die „Heinzel" mir ja täglich ‚liefert'.
...
Ein Träumer kann mir jetzt nicht nutzen:
Ich werde ihn mal wieder stutzen.
Und auch die Sucht, Reime zu schreiben,
Das lasse ich mal wieder bleiben...
Ich spüre: Es ist, in der Tat:
???
Zeit zur Tat!
———— [4]

---

[4] Nr. 04 für Juli 2016 aus insgesamt 3.283 Gedichten/Wortschöpfungen ab März 2004 - Kreativkernzeit 02.07.16 ca. 19:50 – 20:30 Uhr – © Heinz-Albert (Heinrich) Ellner – D56727 (Nutzung evtl. o. a. Verlinkungsangebote auf eigenes Risiko ohne Haftung).

## Jahre der Stille…

**Es waren diese stillen Jahre**
**Im Kopf, als keiner Muse Küssen**
**Mich mehr beschwingte, und mein Wille**
**- Nach jenem „Hand-verlieren-müssen" -**
**Versank im „Nur-geschehen-lassen".**
…
So ging das über vierzig Jahre,
In denen meine Kinderwünsche,
Durch lasches Tun, verschüttet waren…
Erst nach dem Blick hinter die Tünche
Im Geist, grub ich mein *Wollen* aus…
…
Spät, in Null-Vier, fiel dann der Schleier:
Ein Erstgedicht aus Geistes Garten
Erntete ich, und immer freier
Wurde die Phantasie. Das Warten
- Nach Suffaufgabe 90 – lohnte.
…
Es war der Anfang regen Denkens
In Sachen Kunst, Kultur, Ideen.
…Belohnt durch Jahre reichen Schenkens
An Geistprodukten, kann man sehen,
Heut, was so lang vergraben schien.

…

Und weiter werde ich mich schwingen
Auf Geistesflügeln in die Höhen,
Um neuen, ungeahnten Dingen
Gestalt zu geben – aufzudrehen:
In Kunst üb' ich nie mehr Verzicht,
???
Denn jünger wird die Hülle... nicht.

---

[5] Nr. 10 für Juni 2014 aus insgesamt **2.721** Gedichten/Wortschöpfungen ab März 2004; Kreativkernzeit: 08.06.14, ca. 22:20 – 22:50 Uhr, Copyright © Heinz-Albert Ellner – D56727 Mayen, Publikationen bisher in Anthologien. Sonst nur internetpräsent, wie z. B. unter meiner Haupthomepage www.lyrikportal.de . Nutzung aller evtl. o. a. Verlinkungsangebote auf eigenes Risiko ohne Gewähr.

# Aller Anfang ist schwer...

**Hatt' ich ein Gedicht geschrieben,
Ist es - bisher! – so geblieben.
Denn das Wort des Augenblickes
War Ausdruck inn'ren Geschickes...**
...
Jetzt hab' ich `ne neue Muse,
Die romantischem Geschmuse
Eher anhängt, als dem groben
Inn'ren Kind im Selberloben...
???
Wär's nicht praktisch? Denn als Dichter
*- Der bisher doch mehr in schlichter
Denke reimte, sich erträumte:
Rilke steck' in ihm und schäumte,*
*???*
*Manchmal, dass es nicht gelinge,
Dessen reimlich schönen Ringe
Ähnlich doch auch mal zu schmieden,
Statt der langen, groben, müden -*
...
Könnte ich auf diesem Wege
Endlich, geistig sanfter, rege
Reime mir dazu ausdenken,
Die *in Richtung Rilke* schwenken?
???
Also wollte ich versuchen
- Gleich gesagt: mit stillem Fluchen! -
Mal an dem Gedicht des Mondes
Rumzubasteln, ob sich lohnt, es...
...
Mochte mich zwar reinversetzen,
Und Erinnerung vernetzen,
Doch es scheint dies nicht zu passen:
Sich dazu anregen lassen.
...
Schob hinein noch ein paar Strophen,

Nicht gekocht auf heißem Ofen,
Klingen zwar, als ob sie gleichen,
Doch ich zweifel' an den Leichen....
...
Das hat mich scheint's doch beschäftigt,
Hab's im Halbschlaf auch bekräftigt,
JETZT das Thema abzuhandeln:
Was mich stört, an dem Verwandeln...
...
Gut, der Zweifel ist wohl meiner,
Denn mein frecher inn'rer kleiner
Heinzel* scheint eher zu bocken,
Ängstlich, vor dem sanften Locken
???
WIRKLICH mal den Weg zu gehen,
Der Romantik, um zu sehen,
Wie sich's anfühlt, dieses Fühlen
Aus der Zeit zwischen den Stühlen...
Dass da nichts wär', ist gelogen!
Hab mich bisher ja verbogen:
„Die Gefühle sind doch: Schleimen?!",
Muss – lt. Heinzel*– ich jetzt reimen...
...
Und so ist das mit Genialen:
Leiden alle wohl die Qualen:
Machen sich ZU VIEL Gedanken?!
...Manche dachten sich zu Kranken!
...
Doch ich will lieber erforschen,
Wie, warum, mich solche morschen
Widerstände noch begleiten;
Gerne unter inn'rem Streiten.
...
Und sagt der was, der mein Streben
Spürt, als Positives eben,
Mache ich mir ernst Gedanken
Was gemeint sei: Such' die... Schranken!
...
Deshalb freu ich mich unbändig,
Dass Frau S. - derart lebendig -

Mich wahrnimmt, glaubt an Talente,
Die sie bei mir fördern könnte...
...
Sie ist der Typ *clev'res Mädchen,*
Dreht beim Spiel am Einfallsrädchen,
So - wir zwei - im Urvertrauen
Lustig spielen und was bauen...

Und da hab' ich nun verstanden,
Diese Arbeit am Probanden
Doch als Anregung zu sehen,
**NEUE** Dinge anzugehen...
...
**Werde ihr zunächst vortragen,**
**Das Gedicht Mond II. Dann fragen,**
**Was sie jetzt meint: Kann man's lassen?**
**Oder: Raus damit und fassen**
...
**- Diese scheinbar kalten Strophen -**
**In's Gedicht auf heißem Ofen,**
**Wenn der Mond sich wieder zeigt,**
**Voll und hell, und ich geneigt**
**???**
**Bin, neu zu empfinden,**
**Aus den alten Gründen,**
**Auf dem Südbalkon?**
**... Heinzel\* wartet schon...**
⎯⎯⎯
6

___

[6] *Anmerkung: Nr. 3241 „Guter Mond, du gihihingst so stille..."*

\* *"Das innere Kind", s. Wikipedia u. a.*

Nr. 26 für Juni 2016 aus insgesamt 3.278 Gedichten/Wortschöpfungen ab März 2004 - Kreativ**kernzeit 30.06.16 ca. 01:50 – 03:10** Uhr - © Heinz-Albert (Heinrich) Ellner – D56727  (Nutzung evtl. o. a. Verlinkungsangebote auf eigenes Risiko ohne Haftung).

## Die Gedanken sind frei?

Wir haben ja schließlich noch keine Diktatur, oder?
Halloooh! Und was ist mit... Facebook?
~~~
**NEIN, ich muss mich nicht be-schränken;**
Darf um alle Ecken denken!
JA, ich muss das all aufschreiben,
**Dass diese Gedanken bleiben!**
Soll sie „seh'n, die ganze Welt...
???
**NEIN, ich muss auch nicht bezweifeln,**
Dass man mich dann will, verteufeln!
Denn: Frei, seien die Gedanken!
**Wer bestimmt', es wär'n die... kranken?**
Also jetzt veröffentlichen?
???
Ab in die Sozial-Netzwerke?
Eine Antwort, auf die Schnelle:
**„Achtung: SHITSTORM lauert, gelle!"**
_____ [7]

---

[7] Nr. 06 für Juli 2016 aus insgesamt 3.285 Gedichten/Wortschöpfungen ab März 2004 - Kreativkernzeit 06.07.16 ca. 00:15 – 00:55 Uhr – © Heinz-Albert (Heinrich) Ellner – D56727  (Nutzung evtl. o. a. Verlinkungsangebote auf eigenes Risiko ohne Haftung).

## Heiter, so, weiter?

**Ich wollte ja auch etwas Lustiges bringen.**
**Das hab ich getan, doch so brav das auch ist,**
**Befass' ich mich lieber mit ernsteren Dingen.**
**Das Leben ist härter, und als Realist**
<u>**Muss**</u> **ich mir Gedanken <u>da</u> machen.**
**Und schnell vergeht auch schon das Lachen.**
...
Gut. Will ein paar Pluspunkte nicht gleich zerstören,
Po<u>e</u>try-Slam soll unterhalten? Das auch.
So wollen sie alle - gefälligst - was hören,
Das anregt, bewegt, und kommt mehr aus dem Bauch?
Gut, doch mach ich mich nicht zum Affen,
Um 's unbedingt weiterzuschaffen.
...
Wir werden ja schleichend verdummt und geschliffen,
Dass kaum jemand aufsteht, auch wenn er es merkt.
Doch ahnt man: Ein schärferer Wind kommt gepfiffen:
„Von Feinden?" Nein, ich denk', von Freunden, verstärkt.
Längst sind wir schon treudeutsche Masse
Füll'n Auslands-Konzernen die Kasse.
...
Mir fehlt ja die Hand, doch - mehr - seh' ich behindert
Die Jugend, euch, die ihr mi'm Eierphon spielt.
Ein spaßiges Ding, das den Geist eher mindert.
„Im Arsch ist auch die Hand", sagt' ich mal, gezielt.
Ihr lasst nicht mehr los, diese Fessel!
„Empört euch!", rief doch Stéphane Hessel!
...
Wo bleibt euer Denken? Wo ist eine Jugend,
Die aufbegehrt gegen die Hegemonie,
Besäuselt durch Kohl'sche und Merkel'sche Tugend
Des Bleiarschs, der aussitzt das Wichtige, nie
Aufsteht, auch Probleme zu lösen?
Na, das gereicht uns mal zum Bösen.
...
Versteh'n Sie nicht falsch, mein so hehres Begehren:
Europa freut sich über Frieden, bis jetzt.

Der Deutsche will zurzeit auch nichts mehr verheeren:
Versprach, dass er nie mehr das Schlachtmesser wetzt.
Heißt trotzdem nicht, dass wir Vasallen
Der Freunde sind, mein ich. Von allen:
...
Das Land, wo sie Windows erfanden. Zwar Segen,
Doch übergestülpt, uns, als Monopolist!
Europa selbständig? Verarscht, denn, von wegen:
Das Zentrum der ganzen Kontrollserver ist
- Na, einmal darf man hier jetzt raten -
Gut, richtig, das ist in „den Staaten".
Netzwerke geschaffen, die Welt zu beglücken?

Das passt alles so lang ins freundliche Bild,
Bis man - wird's gebraucht aus strategischen Stücken -
Auf Freundschaft auch hier scheißt, die Server mal tilt...
Wo sitzen die Größten der Szene?
Ich Facebook und Google erwähne.
...
Politiker machen sich kaum noch Gedanken,
Warum unsre Freunde aus den USA
Uns weiter bespitzeln? Aus Ängsten, wohl kranken:
Die seh'n schon die Aliens brüten, auch da,
Wo Michel nur rührt einen Kuchen:
„Backpulver? Fuck! Sprengstoff!", sie fluchen?
...
Wie TOLL Collect, klingt auch TTip schon beschissen.
Man hört's und denkt gleich:„Ist ja Gaunersprach' pur.
Als Zusatz in Mikroschrift - ganz schön gerissen -
Steht wohl was von „sollen" und „wollen"? Die Schur
Erledigen einst Advokaten.
Die Wolle geht dann in „die... Staaten".
...
Nicht zwingend ist's, westlich sich nur auszurichten,
Denn östlich von uns gibt es auch noch manch Land.
Auf Freundschaft muss Deut. heut nicht mehr verzichten.
Vor diesen zwei Kriegen uns vieles verband.
Doch hat Russland leider Wlad Putin.
Mal warten, wo führt, <u>seine</u> Wut, hin.
...

Europa KRIEGt deshalb zusätzliche Flieger,
Auch wir. Geht's in der...Ukraine... bald los?
Gut AMIS, das waren einst freundliche Sieger,
Viel lock'rer als Russen, ob Briten, Franzos'.
Ich will's aber nicht zu weit treiben:
Die lesen <u>all</u> mit, schon beim... <u>Schreiben.</u>
...
Doch unsre Figuren, die wir uns selbst wählen,
Die nehmen die Wahrheit auch nicht so genau,
Und dem Souverän solche Typen verhehlen,
Dass sie selbst, im Osten – geheim und recht schlau –
Vorteile erschleimen, auch suchen
Nach Pflegekindern, kaum nach Kuchen.
...
Ich mag's überhöhen, geb' doch Brief und Siegel:
Wenn, blauäugig, wir nur auf Uncle Sam hör'n,
Sieht man eines <u>Tags </u>einen Michel im Spiegel:
Der trägt auf dem Kopf des Betrog'nen Gehörn.
...Wir sollten doch - „Unter den Linden" -
Sachlich, West und Ost mal verbinden.

Nein, ich seh' mich selbst nicht als extremen Linken
- Bin auch schon seit Jahren nicht mehr engagiert -
Hier schreib' ich als Mensch und will gegen anstinken
Die fatale Trägheit, die dahin noch führt,
Dass wir langen Frieden gefährden,
Weil wir diesmal zuuu friedlich werden!
???
*Hier muss jetzt die Jugend nachdenken,*
*Ob sie sich dem Leicht...sinn verschenken*
*Will, sorglos, und mag noch nicht ahnen,*
*Was weltweite Zeichen schon mahnen:*
*Es geht nicht mehr lange schön heiter*
*Auf Deutschlands Erfolgsleiter weiter.*
...
*Man üb' schon - das rate ich allen -*
*Die Gürtel mal enger zu schnallen.*
*Wer dieses Gefühl lernt dann kennen,*
*Wird vorm Schicksal auch nicht wegrennen.*
*Ach, <u>etwas</u> frag' ich dazu noch:*

*Der beste, das sei welcher... Koch?*
~~~
PS.:
Oh, scheiß! Ich gesteh's unter Tränen:
Ich muss auch mein Smartphone erwähnen.
Es wurde mir letzt aufgezwungen
Von meinem Herrn Sohn - nicht mehr jungen.
Ich wollte mich da kaum beschweren
- Nicht uns alte Säcke entehren -
So bringt es mir links jetzt doch Nutzen,
Weil ich drüber-wisch mit dem... Stutzen...
...
Trotzdem: Bleibt's da drin, ist es Last, da:
Handwechsel klappt auch <u>hier</u> nicht. Basta!
_____
[8]

---

[8] *Anmerkung: Nr. 3241 „Guter Mond, du gihihingst so stille..."*
\* *"Das innere Kind", s. Wikipedia u. a.*
*Nr. 10 für August 2015 aus insgesamt 3.045 Gedichten/Wortschöpfungen ab März 2004; Kreativkernzeit: 25.08.15 - ca. 10:35 – 12:15 Uhr –*
© *Heinz-Albert Ellner – D56727 Mayen - Publikationen bisher nur in wenigen Anthologien und als Internetpräsenz, wie z. B. unter meiner Haupthomepage www.lyrikportal.de u. v. a. m. (Achtung: Alle Homepages seit Juli 2012 nicht mehr aktualisierbar, sonst sind sie weg). Nutzung evtl. o. a. - Verlinkungsangebote auf eigenes Risiko ohne Haftung bzw. Gewähr.*

# Glaube – Hoffnung – Liebe: Was gewinnt?

**Der Glaube** ist was Aufgeschwätztes,
Was, das ein freier Geist nicht braucht:
Von „Führern" gern im Rausch Geschätztes.
...Gesnifft, gegessen ob geraucht,
Egal wodurch hervorgerufen:
Auf Bergen oder Treppenstufen
Wurde der Wahn dann laut verkündigt,
Und jeder sich, ab jetzt, versündigt',
**Wer dann nicht glaubt an ‚seinen' Gott.**
**Der Tod stünde auf grobem Spott.**
~~~
**Die Hoffnung** ist, in ihrer Schwere,
Ja auch ein Glaube: der, an's Glück.
So, wer - in seiner Sinnenleere,
Oder in Armut - doch ein Stück
Des Lebenswegs dürfe erleben,
Dass ihm das Schicksal möge geben
Zufriedenheit, hie, da auch Zaster.
**Doch weiß man selbst, dass Trägheit, Laster**
**Und Faulheit mindern, eig'nes Glück:**
**Hoffnung für'n Arsch, das letzte Stück!**
~~~
Nicht als Gefühl der tumben Triebe,
Den Urzustand hat man als Kind,
Last but not least: **Die Menschenliebe**.
Gefühle in dem Wesen sind
Durch gute Ahnen nicht verbogen:
Nicht falsch spielt's, hat sich nie belogen.
Gerechtigkeit und hohe Achtung
Stehen vor Gier und Angstumnachtung...
**Wer mit sich selbst bleibt so im Reinen,**
**Der IST, muss nicht nach außen „scheinen".**
...
*Jetzt mag sich der gerne entsetzen,*
*Der plötzlich spürt, dass er im Hetzen*
*Nach Vorteil, Geld und falschen Werten*

*Giert nach der Ahnen Wunschkonzerten,*
*Die spät noch, als „die lieben Toten"*
*Ihn steuern mit Hass und Verboten,*
*Mit „sollen", „lassen", „haben müssen",*
*„Ambivalenten Seelenküssen",*
*Die hindern - dieses „inn're Kind" -*
*Beim Spiel im freien Geisteswind.*
*Noch ist die Psyche nicht zerrüttet,*
*Das „inn're Kind" Dir nur verschüttet...*
*...Erst mal erkannt´: In hohem Bogen*
*Wirf raus, wer ES hat, einst, belogen.*
*In Absatz 1 – 3 liegt Nahrung,*
*Dass Dir Dein Hirn bald Offenbarung*
*Gebiert: „Verdammt, jetzt muss ich schürfen!*
*...Den Ahnensulz entfernen dürfen,*
*Kann ich mir hier und jetzt erlauben!*
*So, scheiß ich auch auf jeden Glauben!*
*???*
*Dann geb' ich auf, die ganzen Laster,*
*Bau' mir ein neues Lebensraster.*
*Basta!"*
*...*
Wer war es jetzt, der hier gewinnt?
Ich zog es durch: Das inn're Kind!

---

[9] *Nr. 14 für Dez. 2015 aus insgesamt 3.125 Gedichten/Wortschöpfungen ab März 2004; Überschrift 10.12.15 gegen 05:00 Uhr, jedoch Kreativkernzeit: 12.12.15, ca. Uhr – © Heinz-Albert Ellner – D56727 Mayen - Publikationen bisher nur in wenigen Anthologien und als Internetpräsenz unter www.lyrik-portal.de (Achtung: Seit Juli 2012 nicht mehr aktualisierbar, sonst sind alle Seiten weg). Nutzung evtl. o. a. - Verlinkungsangebote auf eigenes Risiko ohne Haftung bzw. Gewähr.*

## 05:59 Uhr

*Oder: „Ich habe ihn!... Scheiße, doch nicht"*

Denken im Halbschlaf?: Das Schönste des Schönen!
**Kann mit Realem im Geist mich versöhnen:**
...
**Wach, grad, geworden: Fünf Uhr neunundfünfzig -
Zeigt, da, die Deckenuhr. In mir, vernünftig
Denkt an, der Rentner, der seit jetzt fünf Jahren
Relativ gut ist durchs Leben gefahren:**
„Schön ist das Dasein, doch relativ kürzlich"
**Glock sechs schallt's dazu rektal, laut da, fürzlich.**
...
„Schön ist die Welt, und ich meine das Denken.
Schreib das schnell auf, dass dann später mag schenken"
- Sinnt so um **sechs Uhr eins** weiter, der Dichter -
„Höchst-Anerkennung Dir, mancher der Richter...
- **Sechs Uhr und zwei** – ... unter ach so Gelehrten,
Die Selbstdidakten Höchststufen verwehrten
- **Sechs Uhr und drei** – auf der Leiter zum Himmel,
Heißt, des Olymp jener mit, ohne, Fimmel
Die – **sechs Uhr vier** – sich erdenken, Gereimtes,
Oder auch nicht – **sechs Uhr fünf** – oft Geschleimtes
Von Liebe, Lust, Leid und Herzen in Schmerzen
- **Sechs Uhr und sechs** – was mich selbst lässt bös scherzen,
Dass viele Dichter wohl - **sechs Uhr und sieben** –
Hätten sich dazu die Zwiebel gerieben...
- **Sechs Uhr und acht** – und das sei ja das Freche,
Was sich bestimmt irgendwann dann auch räche,
Dass LESER liegen ließ – links – den Poeten
Größer als Heine, als Schiller, auch Goethen..."

...
Das also konnt' mich Minuten erfreuen:
Dass ICH der Größte sei – *sechs Uhr und neuen* -
Und in der Allmacht spann ich auch schon weiter
Relativ plastisch: dass da, auf der Leiter,
Mir doch nur zustand, die höchste der Stufen...
Wollte im Halbschlaf schon „Heureka" rufen...
???
*Doch – sechs Uhr zehn – kreischt des Sängers Gehobel!*
*Wieder war's nichts mit dem Preis des Herrn... Nobel.*

---

[10] Nr. 21 für Juni 2011 aus insgesamt 2105 Gedichten ab März 2004; Kreativkernzeit 10.06.11, ca.07:35 – 08:20 Uhr © Heinz-Albert Ellner – D56727 Mayen, Publikationen bisher in ein paar Anthologien. Sonst große Auswahl aus meinem Gesamtschaffen im Internet unter www.lyrikportal.de

## 22:22 Uhr

??? Kein Zufall mehr, oder?

- Es wurde mal wieder ein Lyrogramm: Sieht zwar dämlich aus, war aber herrlich... -

**Müde war ich. Schlafgetrieben**
**Ging ich also früh zur Ruh,**
**Abends, etwa gegen Sieben,**
**Auf, wachte ich dann, im Nu:**
...
Zweiundzwanzigzweiundzwanzig:
Durch Reflux musst' kerzengrad
Ich mich setzen, doch, an sich
War das - eigentlich - nicht schad:
...
Brachte mich hin, zum Computer,
Wenn ich also wach war, schon.
Machte an, den EGO-Shooter,
Der mir schenkt des Geistes- Lohn...
...
Wie das Schicksal mischt, die Karten...
Diese Zeit sei ein Symbol?
Muss - nach C. G. Jung – erwarten
Ich was Neu's? Mir wird unwohl!
...
Denn Symbole scheinen wichtig
Mir und Jung nun doch zu sein...
Ob der Sinn dahinter richtig
Sei, ob nicht, muss dann nicht reu'n.
...
Jeder Mensch hat eine Richtung

- Ich nenn sie den Masterplan -
In der er auf eine Lichtung
Kommt, im Urwald, ab und an...
...
Da kann er orientieren
Sich an Sonne, Sternen, Mond.
Wenn im Geist er sich verlieren
Drohte: Jetzt „VOR-Denken" lohnt?
...
Also, liebes Hirn, mach' hinne!
Sag gefälligst, was dich quält?
Wie geht's weiter, in dem Sinne,
Dass jetzt Vorwärtskommen zählt!
???
Werf' ich Müll der alten Zeiten
Endlich einmal „über Bord",
Ohne innerlich zu streiten:
„Dies und... das, kann noch nicht fort?"
???
JETZT gilt es, sich zu entscheiden!
**Jetzt ist Zeit - mein Heinzel – gell!**
Soll'n WIR weiter drunter leiden,
Müll zu horten? Denk JETZT, schnell!
...

Bleib steh'n, setz dich auf die Lichtung...
Jammer', trauer', doch zeig' Mut,
Aufzugeben alter Richtung
Scheinziel, durch die Sammel...WUT!
...
So viel „Kunst" kannst Du nicht schaffen,
Mit dem Krempel, den du hast...
Macht dich – HEINZEL - nur zum AFFEN,
Der in's Denken andrer passt...
...

Denn du sammelst, was „man" brauchen
Könnte, noch, doch braucht 's dann „wer?":
DU NICHT, andre werden krauchen
An dich ran, und du gibst `s her...
...
Auch dein Meinen, das sei'n Schätze,
Ist ein Trugschluss, denn dein Geist
Bleibt so in der steten Hetze,
Umzuschichten, Müll. Du weißt'
...
Weg mit dem Gelump der Andern,
Das den Geist gefangen hält...
Weil im jungen Hirn mäandern
Blitze frischer Geisteswelt?
???
*Phönix, Phönix glühe...*
*Neue Blitze sprühe...*
*Flamme auf und lebe*
*Zauder' nicht: Dann... schwebe...*
*Über dieser Lichtung.*
*Zeig die neue Richtung:*
*...*
*...Da geht es zur Deponie?*
*Danke Phönix. Gutes Vieh!"*
???
Jetzt raus aus des Urwalds Dunkel!
Und: Von Trauer keine Spur?
Folgen wir Phönix' Gefunkel...
Neue Power ist da, nur.
~~~
**... Also – Heinzel – ich mach mit.**
**Wählen wir den klaren Schnitt!**
**Auch das Über-ICH wirft fort:**
**SPERRMÜLL ist das Zauberwort.**
...

**Jetzt ist es auch klar entschieden,**
**Und im Hirn ist wieder Frieden...**
**Ich lass dieses Mal das Loben:**
**Herrlich ist die Stille, oben...**

---

[11] *Nr. 28 für Jan. 2015 aus insgesamt 2.918 Gedichten/Wortschöpfungen ab März 2004; Kreativkernzeit 13.01.14, 22:25 – 00:35 Uhr © Heinz-Albert Ellner – D56727 Mayen - Publikationen bisher nur als Internetpräsenz, wie z. B. unter meiner Haupthomepage www.lyrikportal.de u. v. a. m. (Achtung: Alle Homepages seit Juli 2012 nicht mehr aktualisiert bzw. aktualisierbar, sonst sind alle weg). Nutzung evtl. o. a. Verlinkungsangebote auf eigenes Risiko ohne Haftung bzw. Gewähr*

## Einmal Urknall und zurück…

**Wer flog ÜBERS schwarze Loch?**
**Ich, der große Weltallforscher!**
**Wie man's sieht, an dem Bild\* doch,**
**Sind die Theorien morscher**
**Unfug, wissenschaftlich schei…:**
**Denn mit Bildern, ICH, beweise:**
**Dieses Loch verschonte mich,**
***Universums Heinerich*…**

…

Ja, *im Henry I ,* ich, flog
- Zugleich mit *der* Gravi-Welle -
Über jenen dunklen Sog,
Und schon gar nicht auf die Schnelle:
Sah die Diamantenkugel
Lange an. „Die ist von Google"
Dachte ich 05 schon still,
Ahnte, wohin Google will.

…

Doch, dass es mein Raumschiff gab;
Wie soll ich das jetzt beweisen?
Wollte schweigen, wie ein Grab,
Über meine Hyper-Reisen….
Doch jetzt muss ich mich halt outen
Und beleben, Hawkings Flauten…
Denn der tritt ja auf der Stell':
Da komm' ich ins Spiel, hier, gell!

…

Ich erzähl' ihm, dass ich sah:
Höhe Venus bald, die Musch…el,
Erst weit weg und plötzlich nah…
Keine Zeit war für Gekuschel.
Denn, erst einmal ausgestiegen,

Säh' ich HENRY I dann fliegen
Ohne mich, und – castaway -
Schlief' ich der Frau Venus, bei?
...
Das am Rande! Ich war stark:
Ließ sie einfach auch links liegen
Und mich treiben, recht autark.
Ja, die Neugier musste siegen,
Denn was Hawking mag erahnen,
Das fand' ich auf meinen Bahnen
Durch das Weltall und zurück...
Da war ich ja *Heinz im Glück*...
Was ich sonst noch sah? Geschenkt!
Hab' mich jetzt schon bös verplaudert!
Soviel: Hatte mich ver-lenkt:
Bei dem Schwarzen Loch gezaudert,
Den Lenkstrahl mal kurz verzogen,
Durch die Oort'sche Cloud geflogen,
In die Milchstraße gestürzt
- Und, jetzt wieder abgekürzt -
...
Lenkte mich mein Hypergleiter
Durch den ganzen Weltenraum
Einfach weiter, einfach weiter,
Bis er fand, sie glauben's kaum,
Durch des Weltalls Wurmloch-Loch
Dann nach haus', zur Erde, doch...
...Komisch war: Man meinte: Ich
Wär' doch nicht *DER Heinerich*!
???

Sei vielleicht ein schlimmer Finger:
Säh' aus, zwanzig Jahre jünger!
...Wo ich blieb, das eine Jahr?
Sagte nicht, wo ich da war!
Färbte mir schnell grau, das Haar...~~~[12]

---

[12] Nr. 14 für Juli 2016 aus insgesamt 3.293 Gedichten/Wortschöpfungen ab März 2004 – Kreativkernzeit 16.07.16, ca. 22:10 – 23:50 Uhr. © Heinz-Albert (Heinrich) Ellner – D56727 Mayen

# Ach, Mond
*– Eloge -*

**Mond, Du Werfer fremden Lichts,**
**Ohne das, Du, wärst ja „Nichts",**
**Optisch, weil man dich nicht sähe,**
**Du Trabant in Erden-Nähe!**
**Einst hast Du mir viel gegeben...**
...
Adam Mond, mein kalter Vater:
Eva Erde wurd' es übel!
Heut sieht man nichts mehr vom Krater!
Auch da pfuscht das Wort der Bibel...
...
Denn, Mond, bist Du nicht die Rippe,
Vor Milliarden Jahr'n gesprungen
Aus dem Bauch der Erdxanthippe,
Dann zur Umlaufbahn gezwungen?
???
Mond - o Spiegler kalter Strahlen,
Durch der Sonne helles Scheinen...
- Anhörer von Erdenqualen:
Seelen Dir entgegenweinen.
...
- Traumbeflügler in den Nächten,
Wenn Du voll scheinst, dem, der schmachtet
Unheilvoll nach Deiner echten
Kraft, die anzieht, ihn, umnachtet.
...
- Ypsilon in Sicht des Weibes.
Wirst es irgendwann verlassen!
Du, einst Frucht des blauen Leibes,
Wärst nicht mehr? Ich könnt' Dich hassen...

Mond, Du Klumpen kalter Erde,
Seh' ich Dich so sicher scheinen,
Weiß ich, dass ich, weiter, werde
Sein, das Kind, mit sich im Reinen...
...
**Mond, denn, wärst Du ohne Licht,**
**Gäb's ja auch die Sonne nicht!**
**Dann wär' wirklich unser Leben**
**Gar keins mehr, frag ich mal eben?**
**... Das würd' ich nicht überleben.**

[13] Nr. 09 für August 2014 aus insgesamt 2.767 Gedichten/Wortschöpfungen ab März 2004; Kreativkernzeit: 13.08.2014, 03:45 – 04:40 Uhr, Copyright © Heinz-Albert Ellner – D56727 Mayen, Publikationen bisher in Anthologien. Sonst nur internetpräsent, wie z. B. unter meiner Haupthomepage www.lyrikportal.de . Nutzung aller evtl. o. a. Verlinkungsangebote auf eigenes Risiko ohne Gewähr.

## Apokalyptische Visionen

**Die Welt sei schlecht? Sie wird noch schlechter!**
**Denn jeder lebt und macht sein Ding...**
**So ist auch manch' Moralverfechter**
**Dann doch im Hirn ein Finsterling.**
...
Die Zeit ist schlimm? Sie wird noch schlimmer!
Das *Böse* ist ja überall!
Denn schlimmer kam es meistens, immer!
Und irgendwann kam dann der Knall...
...
Ich hatte unlängst Visionen:
- Laut Wehner müsst' ich da zum Doc?* -
*Ich sah Atombomben sich klonen...*
*Rakete hoch: Ein Blitz, die Schock-*
*???*
*Welle hat sich noch nicht verbreitet,*
*Drückt Nr. 2 den roten Knopf...*
*Weltweit wird – wer SIE hat – verleitet,*
*Das Ding zu werfen, auf den Kopf*
*???*
*Dem ausgemachten Feind... Verzichtet*
*Hat niemand, der SIE schon mal hat.*
*So wurde UNSRE Welt vernichtet!*
*Nur das Gewürm fraß sich jetzt satt...*
*???*
*Satt an Milliarden von Kadavern*
*Von Mensch und Tier. Mutierte bald*
*Zu Riesenviechern, die palavern*
*Im neuen Fallout-Regenwald...*
...
*Weltweit hielt sich - wie in der Bibel\*\* -*
*Ein Paar nur, das zusammenfand;*
*Gebar dann Kinder... Jetzt das Übel:*
*Sag, wie ein Enkel hier entstand?*
*???*
*...Denn auch für neue ERSTE Wesen,*

*Gab's niemandem im „andern Land!"*
*Inzucht mit Nachzucht wär's gewesen...?*
*...Diese Vision nun schnell verschwand...*
*???*
*Wer nachdenkt, kriegt der - jetzt - Verstand?*
???
~~~
*Abspann:*
Kam auch durch Taufe in die Kreise!\*\*
Zweifelte früh, auf stille Weise.
Lass' heute labern, tumbe Tröpfe,
Von Gott & Co., als alte Zöpfe.
...
Religion ist nicht endemisch.
Früh abzurichten doch, systemisch.
Je mehr man kriegt, an jungen Seelen,
Kann man im Sinn der Sache quälen...
...
Schon seit zig Jahren ist's erledigt.
Im Hirn kein Pfarrer mir noch predigt:
Denn Glaube heißt ja auch: „nicht wissen"!
Und: Auf „Behauptung" sei... geschissen.
...
Erinnerung ist längst verblasst, da!
Den Platz brauch ich fürs DENKEN! Basta.\_\_\_\_ [14]

---

[14] \* Herbert Wehner angeblich zu Brandt: „Wer Visionen hat, sollte zum Arzt gehen". Genaueres s. WIKIPEDIA u. a., Nr. 16 für Mai 2016 aus insgesamt 3.247 Gedichten/Wortschöpfungen ab März 2004; Kreativkernzeit 27.05.16 ca. 00:20 – 02:10 Uhr © Heinz-Albert (Heinrich) Ellner – D56727 - Nutzung evtl. o. a. Verlinkungsangebote auf eigenes Risiko ohne Haftung.

# Arbeit adelt?*

**Gut:**
**Wenn harte Arbeit adeln würde,**
**Gäbe es unter Reichen**
**Neunundneunzig Prozent**
**Gemeine.**
Heinrich Albert <u>von</u> Ellner

...

*- Harter Geistesarbeiter*
*- Deutscher Dichter,*
*- Kreativer Künstler*
*- Zupackender Rentner*
*- Mittelschichtverwachsener*
Deutscher Stand-Adliger**
<sub>15</sub>

---

[15] * Erläuterung für Gutmenschen, Wortzerpflücker und Amtsbedenkenträger: Unabhängig davon, dass „der einfache Mann" in aller Regel schon immer hart arbeiten musste, allerdings durch Arbeit selten reich wurde - so ja bereits geadelt wäre, träfe diese Volksweisheit zu - ist es unterschwellig ein Gedicht gegen Gier und Raffsucht. Aussage: Lediglich 1 Prozent der Reichen wären durch ehrliche Arbeit und redliches Schaffen zu ihrem anständigen Vermögen gekommen, der Rest wäre unanständig reich geworden durch Beschiss, Betrug, Wucher, Übervorteilung, Ausbeutung.
** Interessante Ellnersche Wortschöpfung aus „Stadt- „und" Land-Adel": Als solches nun ein Wort mit Mehrfachbedeutung, weil hier jetzt
- das stabilisierend BeSTÄNDige der harten Arbeit
- der Handel mit seinem Verkaufs-STAND
- die STÄNDe als Zusammenschluss von Unternehmern im engeren und weiteren Sinne
- die volks-, heißt demokratiestabilisierende Wirkung eines starken Mittel-STANDes (Bedeutung s.a.a.O. in Lexika, Internet usw.)
- u.v.a.m.
gemeint sein können.

## Der Ingenieur

Dem Ingenieur sei nichts zu schwör?
Der Spruch an sich macht ja viel her.
Doch sieht man, was die Kerle leisten,
Denn´s bleibt ja steh'n davon, am Meisten.
...
Die längste Brücke, die im Sturm
Nicht schwingt. Und auch der höchste Turm,
Der steht dann schon Jahrhunderte
Was manchen Laien wunderte.
...
Doch bei dem einen Turm der Türme
Der einfiel, ohne Blitz und Stürme
Baute den einst ein Ingenieur,
Dem Turm zu Babel? Ach, woher.
...
Den bauten dann die Laien,
Sieht man im schönen Mayen.
Die Profis die man hier einst rief
Bauten den Kirchenturm schön schief.
...
Und das ist halt die Unterscheidung
Der Ingenieur plant die Vermeidung
Er rechnet bis das Hirn dann brimst em.
Doch nie rechnet er mit dem... Schlimmsten.
...
Das wär' dem Ingenieur

---

Nr . 01 in Juni 2010 aus insgesamt 1782 ab März 2004; Kreativzeit, So. 20.06.10 ca. 09:10 – 09:45 Uhr
© Heinz-Albert Ellner – D56727 Mayen-Kürrenberg. Ich publiziere z.Zt. nur unter www.lyrikportal.de u.a.

Dann doch... etwas zu... schwör.
[16]

---

[16] Nr. 4 für Juli 2015 aus insgesamt 3.012 Gedichten/Wortschöpfungen ab März 2004; Kreativkernzeit: 04.07.15, ca. 17:05 – 17:35 Uhr - © Heinz-Albert Ellner – D56727 Mayen - Publikationen bisher nur in wenigen Anthologien und als Internetpräsenz, wie z. B. unter meiner Haupthomepage, u. v. a. m. (Achtung: Alle Homepages seit Juli 2012 nicht mehr aktualisierbar, sonst sind sie weg). Nutzung evtl. o. a. - Verlinkungsangebote auf eigenes Risiko ohne Haftung bzw. Gewähr

## Auf die Plätze: Rentner-Los

Ich habe keine Zeit,
Denn ich bin Arbeits-Rentner,
Ganz ohne diese Zeit,
Die man die Freizeit nennt...
So lauf ich ohne Zeit
Gerad' mal dem Gevatter
Vorweg, als alter Tatter.
Doch irgendwann siegt... ER.
...
Ja, hätte ich die Zeit,
Ich würde Lieder singen!
Ohhh, hätte ich die Zeit,
Ich würde Opern schreiben...
Ach, hätte ich doch Zeit
- Ich will's mal überspitzen -
Den Tod glatt auszusitzen:
Ja, dann gewönne...ICH.
...
Denn Ewigkeit, nie, rennt,
Und ich hätt' DAS Patent
Zum Dauerleben: Basta!

---

[17] Nr. 22 für Februar 2014 aus insgesamt 2.686 Gedichten/Wortschöpfungen ab März 2004; Kreativkernzeit: 20.02.14, ca. 06:50 – 07:20 Uhr - Copyright © Heinz-Albert Ellner – D56727 Mayen, Publikationen bisher in Anthologien. Sonst nur internetpräsent, wie z. B. unter meiner Haupthomepage www.lyrikportal.de .
Nutzung aller evtl. o. a. Verlinkungsangebote auf eigenes Risiko ohne Gewähr!

## Aufmerksamkeitsgeheische?... Nicht schon wieder...Neid!

*Aber auch nicht auf „die bösen Juden" schimpfen, Du, Du. Christ im Schafspelz, gelle!*
*- Mal wieder ein bösartiges Verwünschungsgefluche, mangels Beachtung -*

**Hör' die Kritiker schon bellen:**
**„Wieder einer! Will UNS stellen**
**Schriften, Lieder und Gedichte?**
**Lasst uns lieber drauf verzichte´....**
**Der hat noch kein Buch geschrieben..."**
!!!
Ist ja auch bei euch kein Wunder...
Jeder Hecht und jede Flunder,
Die nicht Grünspan, Einstein heißen
Können – trotz Genies – nichts reißen.
Hilfsweis' werden sie ver-braten...
...
Selbstverliebte Deutungs-Schranzen,
Die um einen Papst rumtanzen,
Wollen mich, Auch-Egomanen,
Abhalten vom Mit-Absahnen
Kargen Ruhms, in Poesie?
???
Na, dann warte ich halt weiter
Und verlänger´ meine Leiter...
Steige doch mal bis zum Mond:
Wo die Über-Sicht sich lohnt:
Von da scheiß' ich, auf die *Schlauen,*
???

Die Genies den Weg verbauen:
Reich-Ranicki & Konsorten,
Die die Sippschaft erst verort'ten:
**Gojim kriegten letzte Preise?**
**...Hoffentlich trifft mein Scheiße!**

---

[18] 33/1107 aus 665; Kreativzeit: Di., 06.11.07, ca. 09:00 - 09:30 Uhr
©Heinz-Albert Ellner

## BRECHT: Wirklich 2300... Gedichte? Wohl doch auch viele kurze dabei...oder?

Ich glaube es noch nicht:

Der Brecht, das Sackgesicht,
Hat alles selbst geschrieben?
Im Hellen und im Trüben?
Zweitausend und Dreihundert?
„Verdammt", denk ich verwundert,
„Das alles mit der Hand?"
Da streikt fast mein Verstand...

Denn soll und kann ich armer Rentner
Hier sitzen, bald ein Doppelzentner,
Und schreiben, schreiben, schreiben,
Dass bald die Backen bleiben
Am Sessel festgeklebt?
Das iss´ nicht was mir schwebt
So vor, bei den Vergleichen...
... Und grad jetzt... musst´ ich... weichen...
...
Als ich ihn oben noch erwähne,
Bricht mir des rechtes Armes Lehne
Zack ab und die gestützte Seite
War - schwuppdiwupp – so, denn mal pleite...
Doch schlepp ich dann, als Vorratsheini
Mir schnell den andern Sessel eini,
Den ich – wie vieles – kauf, als Zweites...
Bin ich nicht doch ein blitzgescheites...
Poetisch auch Allzeit bereites
Versorgungs- und auch Reim-Genie?

So verdanke ich wieder meiner inneren „übers-Hölzchen-aufs-Stöckchen-und-zurückkomm-Reflexion-Strategie", dass ich mit Brecht wieder auf einen interessanten Gedichte-Zyklus gestoßen bin. Den Stuhl kann ich reparieren, aber die Gedanken und die Gedichte zu einem Spontan-Thema lassen sich nie mehr wiederholen...

---

[19] Nr. 37 in Sept. 2008 aus insgesamt 1034 ab März 2004; Kreativzeit: Mo. 22.09.08, ca. 12:05 – 12:40 Uhr
©Heinz-Albert Ellner

Eigentlich für das anstehende Projekt „Bukowski-Ecke in der Stadtbücherei Andernach" überarbeitet. Aber auch eine Idee für den Poetry-Slam?

# Bukowski zu ehren steht hiermit mein Sinn…
## *- Eine Hommage -*

*Als dito geborener Andernacher und ehemaliger Säufer bis 1990, halte ich Hanks Fahne hoch, oder...so...ähnlich.*

**Ich hege große Sympathien**
**Für Charles Bukowski, dessen Fliehen**
**In Sex und Suff ja auch mein Leben**
**War, einst. So will ich gerne geben**
**- Dieses Gedicht - dem lieben Toten.**
**Denn ich – längst trocken - darf ausloten,**
**Was ein Gehirn, noch spät an Jahren,**
**Gebären kann, an wunderbaren**
**Fürzen aus Geist, dies ohne Suff.**
...

Auch hier in Andernach geboren,
War in den USA verloren
Der kleine Karl, schon in der Jugend.
...Dann Freund von großer Arbeitstugend
Zu werden, nach der Selbstbeschreibung,
Das wär' wohl schlichte Übertreibung.
Doch schien er immer das zu geben,
Was reichte, um zu über-leben.
Zum Schreiben kam auch er recht spät.
...
Aus seinem Reich der Unterschichten
Wusste er rotzig zu berichten,
Denn bester Freund, dem Einzelgänger,
War Alkohol, sein Seelenfänger.
So konnte Hank den Schmerz ertragen,
Der rührte, aus den Kindertagen.
Und das, was viele Menschen quäle
- Dies: „Raue Schale, zarte Seele" -
Bescheinigte ein ARMY-Arzt.

...
Es ist für mich dann auch kein Wunder,
Dass er dem inn'ren Affen Zunder
Gab, denn sein Leben war aus Zucker,
Nie... In der Jugend wohl kein Ducker,
Gab's stets für Widerworte Prügel.
Später, die engen, inn'ren Zügel
- Die schlimm noch unsre Seele schinden -
Konnte der *Mann* nur überwinden,
Indem betäubte, er, sein Kind.
...
Bukowski, Charles - einst Karl und Heinrich -
War in dem Zustand kaum was peinlich.
Er lebte, seit er „schreiben" konnte
Nur für „das Schreiben", und er sonnte
Sich gern im Kunstlicht der Spelunken
Mit andern Säufern, mit Halunken,
Oft wetzend an verbrauchten Huren.
...Erwarb so seines Lebens Spuren,
Auf derart harten Säufertouren.
...
Nach außen Typ vulgärer Sorte,
Spuckte die Seele wahre Worte
Aufs Blatt, als Kind der harten Gosse:
Treffsichere Mentalgeschosse,
Die „der Gesellschaft" - jene „feine" -
Machten in tiefstem Herzen Beine,
Weil Hanks vulgäre freie Sprache
Manchem verschlug des Hochmuts Lache.
Abstieg vor Augen, macht schon Angst.
...
„...good to be back", der legendäre
Spruch, aus der Seele tiefer Schwere
Herausgeschleudert an die alle,
Für die er in Hamburgs Markthalle
Die Lesung hielt und auf der Bühne
Er abends – voll des Weins – der Kühne
War. Ihnen, die gern an ihn glaubten,
Er nicht die hehre Meinung raubte.
Für sie war er <u>der</u> Underdog.

...
Die Presse aber einst laut hämte:
Dass sich „der Hurenbock" nicht schämte,
Der „Selbstvernichtungsfanatiker",
„Kotzbrocken", weil sie auf dem Kieker,
Charles hatten, der auch hier den Spiegel
Vorhielt den Heuchlern, die im Siegel
Verderbter Scheinmoral selbst trieben,
Was hart und offen hat beschrieben,
Bukowski, echt und schnörkellos.
...
...Als er dann Andernach besuchte,
Im Elternhaus - das einst verruchte -
Traf seinen alten Onkel Heinrich
Liest man, da war es augenscheinlich,
Dass er sich freute, hier zu sein.
Und man trank viele Flaschen Wein,
Im heimatseligen Gedenken
In Andernachs Rheinufer-Schenken,
Als Teil von seiner „Ochsentour".
...
Es war sein Ding, im Suff zu schreiben,
Doch höhnte man: „...beliebt zu treiben
*Seine vulgären Geistesrosse,*
*Die schleudern, diesem Herrn der Gosse,*
*Mist auf's Papier, als Exkremente,*
*Wie man's nicht schlimmer schreiben könnte."*
Der brave Bürger hat getobt?
Heut wird ein „Feuchtgebiet" gelobt!
Doch „Charlotte Roche" ist bald vergessen.
...
Nun, so geht's oft den Genialen,
Dass, später mal, in den Annalen
Ihnen wird nachgeworfen, Größe.
Nur, als sie lebten, kaum die Blöße,
Sich, gaben die, die's später feiern.
Diese Erkenntnis wär' zum Reihern,
Hätt's Charles nicht sowieso geschrieben,
Von Selbsterlebtem angetrieben.
Er brauchte keine Amts-Claqueure.

...
Warum ich solche Zeilen schreibe?
Dass dieser Name länger bleibe
Im Zeitgedächtnis der Geschichte,
Das ja Momente hat, auch lichte:
Es sich gelegentlich erinnert,
Dass es auch Denker gab, die – spinnert? -
Das niederschrieben, was sie dachten,
Wofür „Normale" sie verlachten,
Klatschten dann laut, war's opportun.
...
**Und so gerät ein Lebensweg**
**Dem Einen grad, dem Andern schräg.**
**Doch wird's zum End' hin nicht mehr reichen**
**- Auch kurz einmal nur - abzuweichen,**
**Hat wer vor Augen schon die Bahre,**
**Denkt: „Und, was war das Wunderbare?"**
**Blickt weit zurück: „Es war der fade**
**Weg", stöhnt der Kandidat, „...der...grade?**
**Wie schadhhhee..."**
[20]

---

[20] * s. Amazon u. a. „Die Ochsentour"

Nr. 13 für Juli 2014 aus insgesamt **2.743** Gedichten/Wortschöpfungen ab März 2004; Kreativkernzeit: 09.07.2014, ca.: 21:25 – 22:45 Uhr, (plus spätere redaktionelle Änderungen/Erweiterungen/Überlegungen von ca. 2 Zeitstunden im Aug. 2015, nachdem ich dieses Gedicht zur „Hommage" erhoben habe.) Copyright © Heinz-Albert Ellner – D56727 Mayen, Publikationen bisher in Anthologien. Sonst nur internetpräsent, wie z. B. unter meiner Haupthomepage www.lyrikportal.de . Nutzung aller evtl. o. a. Verlinkungsangebote auf eigenes Risiko ohne Gewähr.

# Aha? Da ist doch... was?

*Auf der Suche nach „dem Rilke in mir" - Ein romantisches Gedicht... das aber wieder abgleitet?*


**Ein kinderfrohes Irrlicht aus der Jugendzeit...**
**Ich weiß den Namen heut nicht mehr; wir spielten auf der Wiese...**
**Die löwenzahnbekränzte Fee im Blumenkleid,**
**Sie tollte durch das Gras, und ließ mich fühlen wie ein Riese.**
...
Das blumenfrische Mädchen in dem kleinen Dorf,
Ich höre es erzählen, als wir lagen auf dem Anger
Mit zugekniffnen Augen, und - was sonst amorph -
Das machte sie zu Wolken-Wesen, niemals unheilsschwanger...
...
Aber ich war ja auch nicht faul in Phantasie
Und schwärmte von dem Mond und all den vielen Himmelslichtern,
Die ich aus meinem Bett sah, nachts, und die sie nie
In ihr'm Haus sah, auch, weil sie schlief, traumfrei von Alb-Gesichtern.
???
O Sommerfreundin früher Jugend, ich seh' Dich
Im bunten Kleid jetzt rollen „unsern" kleinen Hügel runter...
Von „komischem" Gefühl beseelt, werf' ich auch mich,
Gleich Dir, ins Gras und folge schnell. Dann geht es drüber, drunter.
...
Wie's weiter ging? Vergessen auch. Waren wir... „Zehn?"
Hatte ich Angst, zu spät zu kommen? Mutter braucht' mich ständig!
So ist das alles heut nur noch ein schwaches „Seh'n"...
Wie schön die Zeit, als dieser Geist war – unverfälscht – lebendig.
???
Jetzt schreibe ich die Zeilen auf und bin bereit
Nachdem ich Geistesmüll entfernte, den uns unsre Ahnen
Ins Kinderhirn einst drückten, möglichst hart und weit,
Die Schwärmerei zu suchen, um in völlig neuen Bahnen
???

...Zu Denken, Spüren, Fühlen, was mich einst bewegt
Hat. War es Mutterliebe, die tief steckt in meiner Seele,
In ersten Lebensjahren also doch gelegt?
Danach begann erst meines Bankert-Lebens scheiß... Gequäle?
???
**Was auch verschüttet war, in mir:**
**Ich grub es aus im Jahr Null-Vier,**
**Weil ich es selbst hartnäckig suchte,**
**Denn ich war NIEMALS der Verfluchte.**
**???**
**Erkannt, fühlt' ich mich lang verletzt.**
**Heut lebe ich im Hier und Jetzt,**
**Schau lieber in die Ferne,**
**Das Alte hab mich... gerne.**
???
**Basta...** _____[21]

---

[21] Nr. 40 für Jan. 2015 aus insgesamt 2.930 Gedichten/Wortschöpfungen ab März 2004; Kreativkernzeit 23.01.15, ca. 23:05 – 01:30 - © Heinz-Albert Ellner – D56727 Mayen - Publikationen bisher nur als Internetpräsenz, wie z. B. unter meiner Haupthomepage www.lyrikportal.de u. v. a. m. (Achtung: Alle Homepages seit Juli 2012 nicht mehr aktualisierbar, sonst sind alle weg). Nutzung evtl. o. a.
Verlinkungsangebote auf eigenes Risiko ohne Haftung bzw. Gewähr.

## COCA-COLA®... Das Mega-Rezept

**Sie ist die Beste aller Colen
Die Coca-Cola® Limonade.
Hätt´ Joya* DAS Rezept gestohlen
Braut´ ich es nach. Nun nicht. Na, schade.**

Es wär´ der Ultra-Mega-Hype,
Das Ur-Rezept der Zuckerbrause.
Nach Pizza braucht nur sie, mein Leib.
Ach hätt´ ich es bei mir zu Hause.

Was hab´ ich nicht schon all´s gebraut
Aus Sirupsorten aller Arten
- Auch Matetee und Rübenkraut -
Zum Schimmeln musste ich dann warten.

Denn, was ich meine, rauszuschmecken:
Ist... Erdiges, vielleicht vergammelt?
Wie kann man dies´ Aroma wecken?
Was wurde damals wohl gesammelt?

Um Neunzehnhundert gab es wenig
Verdammt, wie komme ich dahinter?
Ein Apotheker war ein König
Beim Mischen, Mixen...War es Winter?

War´ s Frühling? Vollmond? Maiennacht?
In der er zufällig geschüttet,
Was da herum lag. Eingebracht
Und steh´ n gelassen, was zerrüttet?

Dann fiel´ s ihm ein, nach ein paar Wochen,
Was da im Bottich gärt und brodelt,
...Und das ließ er dann sacht aufkochen...
...Plus Kokain... Arznei gemogelt?

Was soll´ s, das ist das Raffinierte

In Doppeldeutung dieses Wortes.
Wer das Rezept dann patentierte,
Dess´ Trinkprodukt ist - jeden Ortes
???
Der ganzen Welt - das Markenzeichen
Für Weitblick und Beständigkeit???
???Ich...eier'... rum: Es ist der Neid,
Der mich zerfrisst, nicht Phosphorsäure...
???
**Gell, Coca Cola®, meine teure**
**Mischung aus Scheiße dieser Welt?**
**Was wir NICHT BRAUCHEN,**
**Das bringt Geld!**

---

[22] *http://www.tagesspiegel.de/weltspiegel/125-jahre-coca-cola-von-einer-die-das-rezept-stehlen-wollte/4144850.html, 13/0507; Kürrenberg, Fr. 25.05.07, ca 12:50 – 13:20 Uhr © Heinz-Albert Ellner

# Alles ist für Alles gut...
*- Scheiße, ich dachte, ich hätte ALLES schon verarbeitet? -*
**Wieder ein LYROGRAMM\***

***Die Carmen* hatte eingeladen,**
**Denn sie ist – künstlerisch - ein Ass.**
**Wenn man auch – draußen - konnte baden,**
**War's trocken, in der *CARITAS*...**
...
In Andernach am schönen Rheine,
Da stand man in illustrer Rund'...
Es folgten zwei, drei Reden – kleine -
Aus amtlichem und Carmens Mund...
...
Ach, *Carmen Rakemann*, die Stille.
Ich weiß: Sie malt den ganzen Tag!
So sei es auch des Urknalls Wille,
Dass sie bekannt wird, ohne Frag'.
...
Während die Gattin Bilder schaute
- Sich int'ressierte, Bild für Bild -
Vernahm ich angeregte Laute:
Der Presse Neugier ward gestillt...
...
Den Herrn sah ich mal kurz, in Mayen,
Da *häng ICH* in der CARITAS!
Zwei Bildchen sollen dort erfreuen
Besuch und Personal: Viel Spaß!
...
Als fertig war, der Herr der Presse,
Schlich - unauffällig – ich, heran.
Durch Blickkontakt war schon Int'resse.
Zwei Künstler zogen sich da an...
...
Und, gegenseitig ohne Zaudern
- Gelegenheit gab's „...auf ein Wort!..." -
Kamen wir beide flott ins Plaudern,
Dichter verstanden sich, sofort...
...

So kenne ich jetzt *den Herrn Müller*
Und war verblüfft vom Intellekt!
Herr Müller ist vom Typ ein... Stiller!
Da ahnt man nicht, was in ihm steckt...
...
Wenn ich da seh' *Heinrich, den Dichter,*
Der meint, dass er der Größte sei,
Ist mein Gemüt schon etwas schlichter,
Und – Eitelkeit! - ist auch dabei...
...
Doch spür ich: Ich bin auf dem Wege;
Weiß immer mehr, dass ich nichts weiß...
??? Verliert der Weise dann das Schräge???
??? Ist - die Persönlichkeit! - der... Preis???
???


... Das geht mir plötzlich durch den Schädel!
Was hab' ich nicht schon nachgedacht,
Ab Suffaufgabe, 90! Edel
Wollte ich werden? *Na, gut Nacht!*
!!!
Bis heute such' ich Rilkes Worte!
Schaff' nur das Grobe, schön gereimt,
Erdacht vom *Kind*** aus kleinem Orte,
Das ein's nur weiß: Dass es nicht schleimt...
...
Vielleicht muss ich noch länger warten?
Oder vergeblich, weil mich nie
*Die Muse* küsst und mich von harten
Worten wegbringt, zur Empathie???
???
??? Da sagt man, dass ich die doch hätte!
Ich schriebe stets authentisch, pur!
Was Rilke schrieb, sei eine *Kette*
*Von Schmachten, auf der Sehn-**Sucht** Spur!*
???
Zwar konnte der auch *Edles* schreiben,
Die Gattin ist ja angetan
Von seinem *Panther,* doch mein Treiben,

Wär's mal bekannt, käm' ja fast ran.
...
Ich muss mich also drein ergeben?
Das fällt mir aber gar nicht schwer:
Mit neuem Hüllen-TÜV, da schweben
Ideen nur so vor mir her...
...
Was mich *berührt*, das wird ver-dichtet!
So schreib' ich weiter, Reim um Reim,
Bis dass, mein Hirn, darauf verzichtet,
Weil's hat, den scheiß Vergessens-Keim???
???
**„Doch eher wird die Hülle ranzig"**
**- Ist auch ein Credo als mein Lasta! -**
**„Dass ich blöd werd', vor... 120!"**
**Sarkasmus hilft und damit... basta!**
―――
[23]

---

[23] * *LYROGRAMM, meine neue Wortschöpfung aus LYRik und psychO-GRAMM;*

\*\**„Das innere Kind", (s. WIKIPEDIA u.a.) als meine bevorzugtes „Helferlein für Seelendinge". ICH habe ja „mein inneres Kind" schon lange gefunden.*

Nr. 20 für Mai 2016 aus insgesamt 3.251 Gedichten/Wortschöpfungen ab März 2004; Kreativkernzeit 30.05.16 ca. 17:50 – 19:30 Uhr © Heinz-Albert (Heinrich) Ellner – D56727 (Nutzung evtl. o. a. Verlinkungsangebote auf eigenes Risiko ohne Haftung).

## Auf, zur Ernte, Heinrich Ellner

Siebzehnuhrzehn! Es wird beschlossen:
Ich mache meinen Speicher zu,
Aus dem so lange kam geflossen
Der große Geist des Manitu...
Oder wie mein Talent auch heißt.

Denn auch in diesem Mond, September,
Gelangen mir so viel Gedichte,
Dass ich im frohen Sinn remember:
Es war die Qualitäten-Dichte:
Zeigt: Fruchtbar war dies´ Geistes Acker...

So sei denn Erntedank, einstweilen,
Auch wenn ich denke, dass an Halmen
Noch hie und da die Reime weilen,
Die einer Nachmaht auf den Almen
- Und auch im Tal - noch meiner harren.

Nun mache ich mir mal Gedanken
Zu der Verwertung der Talente...
Ich spüre schon Ideen ranken
Wie es gelingt, dass eine Rente
Für meine Lyrik ist... zu zahlen.

Glück auf, mein logisch-wacher Geist,
Damit der Teufel auch mal scheißt
Auf meine kleinen Haufen,
Dass sie mir nicht zerlaufen
Wie früher mal, zu Aktienzeiten...

Doch bin ich guten Mutes,
Dass er nun scheißt was Gutes
Im Sinn des Monetären,
So ich mich nicht beschweren
Könnt, über Zasters Berge...

Denn nicht die sieben Zwerge
- Und auch kein kleiner Alberich -
Sondern der inn´re Heinerich,
Der wird mein Geld vermehren
Endlich mal, uns zu Ehren...

---

[24] Nr. 72 in Sept. 2008 aus insgesamt 1069 ab März 2004; Kreativzeit: Di. 30.09.08, ca. 17:10 – 17:40 Uhr ©Heinz-Albert Ellner - 56727 Mayen-Kürrenberg - Publikationen unter z.B. www.lyrikportal.de